総天然色 ヒギンズさんの
北海道鉄道旅
1957-70

札幌市電　札幌駅前　1957年（昭和32年）5月23日

北海道新聞社

初めて北海道を訪れて、何を楽しんだかといわれれば、電車の
支線や簡易軌道だった。山や湖といった観光名所は、その気にな
れば後からまたいくらでも見に来ることができる。

鉄道はそうではない。道路が整備され舗装される以前でさえ、す
でに一部の鉄道は姿を消し始めていたから、遅かれ早かれ消えて
ゆく運命にあると思われた。そして、この時楽しんだ多くの鉄道は、
今はもう見ることさえできなくなってしまっている。

当時の写真が残している鉄道の風景は、開拓の時代から、戦後
の急速な復興の時代へと、大きく変貌していく北海道の姿だった。

函館本線　神居古潭付近　1959年（昭和34年）7月26日

定山渓鉄道　豊平付近　1959年（昭和34年）8月5日

　北海道の簡易軌道は、鉄道ファンの友人から譲り受けた鉄道リストには掲載されておらず、交通公社の時刻表では鶴居村と歌登村の2つの簡易軌道が掲載されていた。

　1959年（昭和34年）に釧路を訪れた私は、鶴居村営軌道の訪問に1日を当てた。根室本線新富士駅前から、1日2往復だけの中雪裡行きの自走客車で出発し、のんびりと釧路湿原を走った。鶴居村営軌道は、この地域で乗ったバスよりもはるかに乗り心地が良い乗り物だった。

　途中、本線と分岐する下幌呂で支線に乗り換えて、終点の上雪裡までののんびりとした旅であった。

鶴居村営軌道　上幌呂　1959年（昭和34年）7月31日

私の名は、J・ウォーリー・ヒギンズ。ひとりの鉄道ファンである。

　1957年（昭和32年）、青函連絡船を降り、初めて函館の地を踏んだ。軍属として来日し、「帰国前に北海道から九州まで全国の鉄道を見てみよう」という旅の一環での渡道だった。
　最初の旅行では、全国を2カ月かけてまわることを予定していたので、北海道での滞在は5月21日から24日までのわずか4日間しかなかった。駆け足の旅となってしまったが、函館、登別、旭川をまわり、札幌市電と定山渓鉄道を見て、再び青函連絡船に乗り、青森へと戻った。

　その後1959年（昭和34年）、1961年（昭和36年）、1970年（昭和45年）にも北海道を訪れ、旅の様子をカラーフィルムに収めた。
　昭和30〜40年代の変わりゆく北海道の風景を記録した鉄道旅を、いわゆる「総天然色」と呼ばれるカラー写真で、もう一度、追想してみることにしよう。

J・ウォーリー・ヒギンズ

J.Wally Higgins

総天然色 ヒギンズさんの
北海道鉄道旅
1957-70

網走－斜里間のレールバス　1961年（昭和36年）7月20日

湯の川温泉－湯の川　1970年（昭和45年）5月24日

函館

青函連絡船　1959年（昭和34年）7月25日

青函連絡船

　　北海道に初めて降り立ったのは、1957年（昭和32年）。国鉄青森駅から青函連絡船に乗り、船の中で一晩を過ごした。ようやくたどり着いた函館で、初めて市電を目にしたのは、どんよりとした雨の日の朝だった。

この光景のすべてを伝えるには、この写真だけでは不十分である。何しろすごい臭い
だった。イカの匂いが、まち全体を包みこんでいた。

日光をたっぷり浴びるイカがずらりと干される様子は、「イカすだれ」と呼ばれていた。今
は機械で乾燥してしまうのだろうが、当時はこうした戸外の天日干しであった。天日干しは
家族総出での作業となり、学校に行く前の子どもたちも一緒になってイカを干していた。

以前住んでいたサンディエゴでもイカの料理は出るけれど、イカは煮て食べるもの。干しイ
カの臭いには軽いカルチャーショックを感じた。

あちこちから聞こえる「イガ、イガーッ」というイカ売りの声。イカソーメン、イカめし、いかとっく
り、一夜干し、塩から、スルメ、さきいか、イカスミ…。

函館といえばイカのまちという印象が残っている。

大森浜　1959年（昭和34年）7月25日

函館市電

函館駅前　1957年（昭和32年）5月21日

松風町－新川町　1957年（昭和32年）5月21日

湯の川温泉　1959年（昭和34年）7月25日

　2度目に函館を訪れた1959年（昭和34年）当時、函館は道路の
拡幅と舗装工事、さらに軌道工事の真っ最中だった。

大森浜　1959年(昭和34年)7月25日

駒場車庫　1959年（昭和34年）7月25日

梁川車庫　1970年（昭和45年）5月24日

柏木車庫　1970年（昭和45年）5月24日

駒場車庫　1970年（昭和45年）5月24日

函館駅前　1970年（昭和45年）5月24日

五稜郭公園前　1959年（昭和34年）7月25日

鉄道工場前　1959年（昭和34年）7月25日

鉄道工場前　1970年（昭和45年）5月24日

鉄道工場前　1959年（昭和34年）7月25日

谷地頭　1970年（昭和45年）5月24日

谷地頭　1959年（昭和34年）7月25日

末広町　1970年（昭和45年）5月24日

蓬莱町　1959年(昭和34年)7月25日

弁天　1959年（昭和34年）7月25日

五稜郭駅前　1970年（昭和45年）5月24日

道央

幌泉町（現えりも町）　1961年（昭和36年）7月17日

室蘭　1961年（昭和36年）7月15日

昭和新山　1961年（昭和36年）7月15日

　ここで、私が日本に来るきっかけの話をしておこう。

　1954年（昭和29年）、私は米海軍の依頼で調査を行う会社に就職した。スタッフのほとんどはワシントンに駐在していたが、1、2年はどこかの海軍基地に派遣されることになっていた。当初、日本に行くことになるとは全く想定していなかったが、1956年（昭和31年）3月から横須賀の海軍基地に派遣されることになった。横須賀の艦隊での勤務は、時に航海中の艦船で、時にオフィスでの仕事だった。

　予定より勤務期間が延び、帰国前の2カ月の休暇が取れた頃には、当初予定していたオーストラリア、ニュージーランドのベストシーズンは終わっていた。そこで、桜と花々の美しい季節を迎えた日本の各地を訪ね歩くことにした。

中央に流れるのは長流川　1961年（昭和36年）7月15日

温泉街とクマ牧場を結ぶロープウェイ　1961年（昭和36年）7月16日

　1957年（昭和32年）の初めての北海道訪問は、4日間という短い滞在時間であったが、北海道には見るべきものが非常に多いことを知る貴重な機会となった。

　1959年（昭和34年）7月に、1週間をかけて再訪したときは、鉄道だけでなく、旅

館に泊まり、大雪山国立公園や阿寒国立公園にも足を伸ばし、最終的には根室まで行った。この旅では、ほとんど国鉄を利用したが、途中で乗ったバスの乗り心地の悪さ、北海道の道路の悪さには閉口した。

のぼりべつクマ牧場　1961年（昭和36年）7月16日

登別

1960年（昭和35年）に結婚し、翌61年に妻と共に北海道を巡った。旅行先を決めるのは私だが、彼女の希望や関心を聞き入れ、2人で楽しめるように、観光地なども取り入れて旅程を考えた。未舗装道路を通って、昭和新山、登別、白老、襟裳岬、阿寒湖、摩周湖、川湯温泉、層雲峡を回った。

　有名な温泉地・登別を初めて訪れた時には、意外な光景にも出会った。建設中だったロープウェイの資材を運搬する仮設軌道を見たことは印象的だった。

登別　1957年（昭和32年）5月22日

登別　1961年（昭和36年）7月16日

伊達紋別

胆振線　伊達紋別　1961年（昭和36年）7月15日

白老　1961年(昭和36年)7月15日

　私が本格的にカラーフィルムで写真を撮るようになったのは、日本に来る
前にメキシコを旅行したのがきっかけだった。
　来日してからは、アメリカにいる家族や友人に日本の風景や、私が目にし
た日本の魅力を伝えるために、写真に残しておくことにした。列車の車体は
黒が多く、アップで撮るときは白黒のフィルムを愛用していたが、風景や風俗
と共に撮るには当然のことながらカラーフィルムが適している。米軍基地で
はカラーフィルムがアメリカ国内と同じような価格で手に入った。当時コダッ
クのフィルムは現像料込みで、撮った後は米国で現像されたものが手元に
戻ってきた。
　当時の日本では白黒フィルムが主流であった。カラーフィルムは高価で、
簡単に入手できるものではなかった。そういう意味では、アメリカのカラーフィ
ルムを比較的安価に手に入れられる環境にあったこと、また、私が愛用し
ていた「コダクローム」が結果的に一番褪色しにくく、当時の色合いと鮮明
さを保持し続けたことは、非常に幸運だった。と同時に、それを実現したコ
ダック社の技術にあらためて敬意を表したい。

日高本線

日高本線　静内付近　1961年（昭和36年）7月17日

日高本線の静内付近を走る臨時準急「えりも」の最後尾から見た太平洋

黄金道路

　襟裳岬に続く黄金道路。ここは道幅が広く、のんびりとしたバスが休憩
停車するのに好都合で、乗客はバスから降りて、しばし風景を眺めることが
できた。風が強く、見渡す限り低木ばかり。木が育ちにくい厳しい環境のよう
で、7月でさえ肌寒かった。
　この難所の開削に巨額の費用が投じられたことから、黄金を敷きつめた
ような道路ということで「黄金道路」の名称が生まれたという説明には、納
得である。

黄金道路　1961年（昭和36年）7月17日

寿都鉄道

湯別　1962年（昭和37年）1月18日

寿都　1962年（昭和37年）1月18日

　　これは盟友ビル・ビークマンが撮った写真。ビルが特に興味を持っていたのは、国鉄に接
続する小さな鉄道だった。ビルはこの写真を撮った数カ月後にアメリカに帰った。

　　宣教師として日本に来たビルは、大の鉄道ファンでもあり、国鉄の外務部で英文文書の作
成に携わっていた。帰国するにあたって、ビルが私と外務部の太田氏を引き合わせてくれ、私
が彼の仕事を引き継ぐことになった。

　　それにしても、雪の中の寒いデッキで、一体二人は何を話しているのだろう？

　　それを想像するだけで、こちらまで笑顔になってしまうから不思議だ。

角田炭鉱専用鉄道

新二岐駅前　1965年（昭和40年）1月18日

米国海軍に所属していた鉄道ファンであるラルフ・フォーティとは、共同で、イギリスで発行する路面電車専門誌『Modern Tramways』に日本の路面電車の記事を連載しており、好評を博していた。

後に『Sayonara Streetcar』という本も発刊した彼とは、日本の路面電車についてよく情報交換し、珍しい鉄道ではフィルムの交換をしたこともあった。

夕張鉄道の新二岐駅から角田炭鉱の事務所前まで、わずか4.7キロの専用鉄道は電化されていて、元旭川市街軌道のポールカーの電車が走っていた。これらは彼が撮った写真である。

事務所前　1965年（昭和40年）1月18日

三菱鉱業美唄鉄道

美唄　1959年（昭和34年）7月26日

函館からは夜行準急「はまなす」に乗って、美唄駅までやってきた。

南美唄行きの短い支線を走る旧式のディーゼルカーを見送ってから、

三菱美唄鉄道の列車を撮るために、線路に沿って、東に歩いた。

美唄　1959年（昭和34年）7月26日

美唄　1959年（昭和34年）7月26日

函館本線　美唄　1959年（昭和34年）7月26日

北星炭礦美流渡礦専用鉄道

若葉　1962年（昭和37年）1月24日

定山渓鉄道

601

錦橋付近　1957年（昭和32年）5月25日

錦橋――一の沢　1957年（昭和32年）5月25日

錦橋駅構内　1957年(昭和32年)5月24日

定山渓鉄道で蒸気機関車を見たときには驚いた。定山渓鉄道のような小規模な電化された鉄道は、アメリカでは風前の灯だったので、そうした電車の写真を撮りたいと思って訪ねた先で、なんと貨物列車には蒸気機関車が使われていたのだ。

日本国内の旅の楽しさは、こういう想定外の事態との出会いにもある。この時の蒸気機関車もそうだった。

真駒内　1957年（昭和32年）5月24日

錦橋付近　1957年（昭和32年）5月24日

円山公園　1970年(昭和45年)5月23日

札幌市電

廟塔前　1959年（昭和34年）5月24日

札幌はアメリカの町に似ていると思った。道路はまっすぐで、幅がとても広い。しかし、舗装があるのは札幌の商業地区のごく一部で、道路沿いの家はどれも小さかった。

東京では、日本人が土地をまったく無駄にせずに有効活用していることに感心させられたが、北海道は例外だった。

廁塔前　1957年(昭和32年)5月24日

新琴似駅前　1970年（昭和45年）5月23日

北24条　1957年（昭和32年）5月24日

札幌駅前　1957年（昭和32年）5月23日

札幌駅前　1970年（昭和45年）5月23日

道庁前－市役所前　1959年（昭和34年）8月2日

大通　1961年(昭和36年)7月22日

すすきの　1959年（昭和34年）8月2日

西4丁目　1970年（昭和45年）5月23日

円山公園　1970年（昭和45年）5月23日

西保健所前　1959年（昭和34年）8月2日

教育大学前　1970年（昭和45年）5月23日

西線16条　1957年（昭和32年）5月24日

開発建設部前－長生園前　1970年（昭和45年）5月23日

長生園前　1970年（昭和45年）5月23日

豊平駅前　1959年（昭和34年）5月24日

豊平8丁目（旧豊平駅前）　1970年（昭和45年）5月23日

植物園前　1957年（昭和32年）5月24日

一条橋　1959年（昭和34年）8月2日

札幌駅前―北大正門前　1970年（昭和45年）5月23日

幌北車庫　1970年（昭和45年）5月23日

根室本線　厚床　1959年（昭和34年）7月30日

道東

北海道拓殖鉄道

南新得　1959年（昭和34年）8月1日

南新得　1959年(昭和34年)8月1日

十勝鉄道

新帯広付近　1959年（昭和34年）8月1日

　私の興味とは裏腹に、美しい鉄道風景との出会いは必ずしもハッピーなものとは限らなかった。

　北海道拓殖鉄道を訪問しようと新得で国鉄列車から降りたのだが、その日はストで運休しており、せめて止まっている車両だけでもと思い、写しておいた。

　そして、十勝鉄道の川西より先に走る鉄道に乗るのには、時すでに遅すぎた。

　北海道の美しい風景、観光名所、眺望の良い湖や山々は十分に魅力的だが、まずは鉄道を優先的に見ておかなければ後悔することになることを、痛切に感じるのだった。

新帯広付近　1959年（昭和34年）8月1日

鶴居村営軌道

　私の写真は鉄道が中心だが、特に地方の鉄道を撮ったものが多い。「どうして、そんな遠くまで足を運んだのか?」とよく聞かれる。一番の理由は、私が当時の一般的な鉄道よりも、簡易な軽便鉄道に関心があったからだ。車体そのものが軽く、安価に建設できた軽便鉄道は、森林鉄道をはじめ、地方の物資輸送などに使われ、人々の生活を支えてきた。

　当時、祖国アメリカでは鉄道の多くは、モータリゼーションの波に押されて、消えゆく運命にあった。それが、日本に来てみたら、本来の役割をしっかり果たしている姿がまだ残っているではないか。うれしかった。

　そうは言っても、人々の暮らしに一番近い軽便鉄道や路面電車の一部は、遅かれ早かれ、やがて姿を消してしまうだろう。私にはそう思えた。実際、本格的なモータリゼーションからはほど遠かった1959年(昭和34年)の北海道でさえ、一部の路線が取り外され、姿を消しつつあった。根室拓殖鉄道や十勝鉄道の一部は時すでに遅く、乗ることがかなわなかった。

　幸いなことに、鶴居村営軌道では、乗客も一緒に側線から貨車を本線に移動させる作業を目の当たりにする機会に恵まれ、短いながらも有意義な時間を過ごすことができた。だが、残念ながら、そのどれもが、今となっては見ることすらできなくなっている。

　山や湖といった観光名所は、その気になれば後からまた訪ねることができる。けれども、消えてしまった鉄道や人々の暮らしを取り戻すことはできない。だからこそ、私は、軽便鉄道を追って地方へと足を運んだのだ。

鶴居へ向かう　1959年（昭和34年）7月31日

下幌呂　1959年(昭和34年)7月31日

新富士　1959年(昭和34年)7月31日

新富士　1959年(昭和34年)7月31日

新富士　1959年(昭和34年)7月31日

上幌呂　1959年(昭和34年)7月31日

上幌呂　1959年（昭和34年）7月31日

上幌呂　1959年（昭和34年）7月31日

釧路

旭橋から上流側　1959年（昭和34年）7月31日

雄別埠頭　1962年（昭和37年）1月22日

雄別鉄道

釧路臨港鉄道

城山　1959年（昭和34年）7月29日

入舟町　1959年（昭和34年）7月29日

城山　1959年（昭和34年）7月29日

太平洋の海底炭

火気厳禁

城山　1959年（昭和34年）7月29日

北大通・幣舞橋から釧路駅前方面　1959年（昭和34年）7月31日

幣舞橋から釧路川河口　1959年（昭和34年）7月31日

根室本線　厚床　1959年（昭和34年）7月30日

根室

根室港駅　1959年(昭和34年)7月30日

根室拓殖鉄道　根室付近　1959年（昭和34年）7月30日

根室拓殖鉄道　根室付近　1959年（昭和34年）7月30日

根室拓殖鉄道　根室付近　1959年（昭和34年）7月30日

根室　1959年（昭和34年）7月30日

釧網本線

釧網本線　北浜　1959年（昭和34年）7月27日

釧網本線　北浜－浜小清水間（原生花園付近）　1961年（昭和36年）7月20日

石北本線　美幌　1961年（昭和36年）7月19日

旭川　1957年（昭和32年）5月23日

斜里駅に停車する根北線のレールバス　1959年（昭和34年）7月27日

石北本線　上越付近　1959年（昭和34年）7月27日

石北本線と網走湖　1961年（昭和36年）7月19日

上川　1959年（昭和34年）7月27日

石北本線　上川　1959年（昭和34年）7月27日

道北

宗谷本線　音威子府　1970年（昭和45年）5月21日

宗谷本線

宗谷本線　間寒別付近　1970年（昭和45年）5月21日

宗谷本線　間寒別付近　1970年（昭和45年）5月21日

幌延町営軌道

間寒別　1970年（昭和45年）5月21日

間寒別　1970年（昭和45年）5月21日

間寒別　1970年（昭和45年）5月21日

問寒別　1970年（昭和45年）5月21日

問寒別　1970年（昭和45年）5月21日

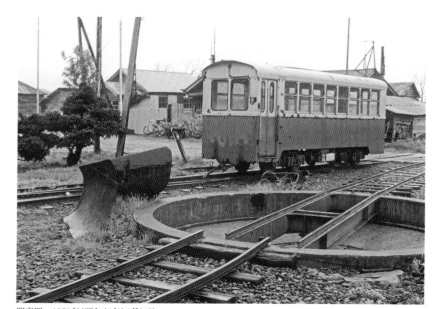

問寒別　1970年（昭和45年）5月21日

歌登町営軌道

歌登　1970年（昭和45年）5月21日

小頓別　1970年（昭和45年）5月21日

歌登付近　1970年（昭和45年）5月21日

歌登　1970年（昭和45年）5月21日

歌登　1970年（昭和45年）5月21日

層雲峡

層雲峡　1961年（昭和36年）7月21日

層雲峡　1959年（昭和34年）7月26日

層雲峡　1959年（昭和34年）7月27日

層雲峡　1959年（昭和34年）7月27日

旭川電気軌道

西六号　1970年（昭和45年）5月22日

旭川追分　1970年（昭和45年）5月22日

旭川追分　1959年（昭和34年）7月26日

旭川追分　1959年（昭和34年）7月26日

旭川追分　1959年（昭和34年）7月26日

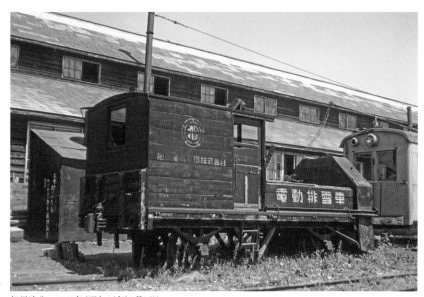

旭川追分　1959年（昭和34年）7月26日

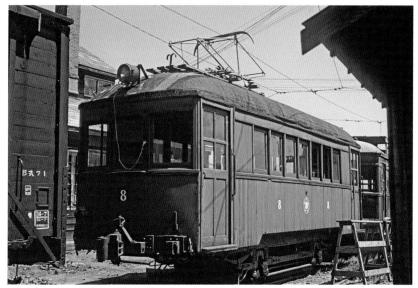

旭川追分　1959年（昭和34年）7月26日

旭川追分　1970年（昭和45年）5月22日

旭川追分　1970年（昭和45年）5月22日

旭川追分　1970年（昭和45年）5月22日

東川学校前　1957年（昭和32年）5月23日

　1957年（昭和32年）5月23日、初めての北海道旅で一番遠い町、旭川を訪れた。その目的はただひとつ。旭川電気軌道を見るためである。

　残雪の大雪山をバックに、自動車も自転車もあまり走っていない未舗装の広い道路が延びている様子に、本州と北海道の違いを感じた。東川学校前付近で、そんな道路の真ん中を国鉄との連絡用の貨車を繋いだ旭川四条行きの102号電車がやってきた。

　旭川から旭山公園まで8キロの道のりを28分かけて移動し、また旭川に戻る往復約1時間の旅。それは、とても心に残る旅であった。

　1959年（昭和34年）、函館発の夜行準急「はまなす」で再び旭川を目指した。途中、美唄に立ち寄って三菱鉱業美唄鉄道を訪ねたが、旭川での滞在時間を確保するために、そこでは乗車はしなかった。

　そのまま函館本線のローカル列車に乗り、石狩川沿いを走る神居古潭を経て、ようやく旭川に着いた。まずは、楽しみにしていた旭川追分にある旭川電気軌道の車庫を訪れた。

東川　1970年（昭和45年）5月22日

東川　1970年（昭和45年）5月22日

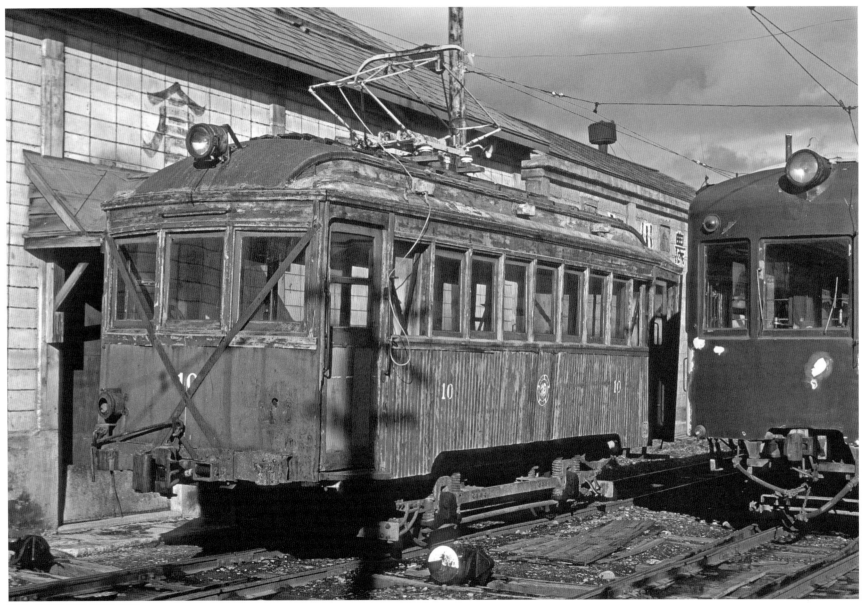

東川　1970年（昭和45年）5月22日

旭正　1970年（昭和45年）5月22日

東川学校前　1970年（昭和45年）5月22日

東川学校前　1970年（昭和45年）5月22日

愛宕　1970年（昭和45年）5月22日

東川　1970年(昭和45年)5月22日

101

旭山公園　1970年（昭和45年）5月22日

旭山公園
ASAHIYAMAKOEN
奈良　五丁目

旭川追分　1970年（昭和45年）5月22日

旭川四条　1970年（昭和45年）5月22日

旭川電気軌道モハ1001の車内　1970年（昭和45年）5月22日

ヒギンズさんの写真が
名古屋レール・アーカイブスに寄贈されるまで

NPO法人 名古屋レール・アーカイブス　理事長　服部 重敬

本書に掲載されたものを含め、ヒギンズさんの写真は現在、NPO法人名古屋・レールアーカイブスで保存・管理している。そのように至った経緯を紹介したい。

ヒギンズさんの写真が初めて世に出たのは、2004年（平成16年）12月にJTBパブリッシングから発刊された『発掘カラー写真 昭和30年代鉄道原風景』と名付けられた地方私鉄や路面電車の豪華写真集であった。米コダック社製のコダクロームという保存性に優れたカラースライドフィルムで撮影されたこれらの鉄道写真は、あたかもつい先日撮影されたような美しい色彩で誌上に再現されており、大変な反響を呼んだ。昭和30年代は、まだモノクロでも写真が珍しい時代。それが当時は大変高価だったカラースライドフィルムで撮影されている上、日本人でもなかなか行けないような全国の私鉄や路面電車がくまなく網羅されているのだから、驚きは当然であった。

この写真集が発刊されるきっかけとなったのが、私が当時、文通していたオーストラリアの友人から1996年（平成8年）にもらった古い日本の路面電車のカラープリントだった。それらの写真の裏面には、英語で会社名と車両の形式、撮影年月、そして撮影者の名前が書かれていた。そこにある名前は、Wally Higginsとある。そう、本書の写真を撮影したヒギンズさんである。おそらく、その友人がヒギンズさんから貰ったものを、日本の電車の写真ということで私に送ってくれたのである。

ヒギンズさんがカラーで撮影したのは、友人と写真を交換するのが目的のひとつだった、と聞いたことがある。このように、裏面に説明を付けて、世界各地の交通仲間に送っていたのだろう。

初めてこれらの写真を見たとき、昭和30年代の撮影とは思えないほど鮮明で、さらに発色の良いカラープリントであることに驚かされた。そして、この時点では、撮影者がまさか日本にお住まいとは思わなかった。

ある時、何かの機会に大井川鉄道で副社長を務められた白井昭さんにこれら写真を見せたところ、ヒギンズさんが静岡にお住まいで、よくご存じとのことが判明した。そこでお願いして、2003年（平成15年）に写真を拝見する機会を設けた。これらの写真を日本で見せるのは、この時が初めてとの話であった。それを見て、感激した参加者の一人がJTBパブリッシングに連絡をしたことが一連の豪華写真集の出版へとつながっていく。

白井さんとヒギンズさんは、1958年（昭和33年）9月に岐阜の名鉄高富線であったのが最初という。それ以後、ずっと交流を続けてこられたそうだが、その白井さんもヒギンズさんがカラーでここまで多くの写真を撮影されていたのは知らなかったとのこと。その後、名古屋レール・アーカイブスの初代理事長を務めた白井さんの仲介で、ヒギンズさんの6,000枚にも及ぶコダクロームのポジと1,200枚に及ぶモノクロネガ、そして様々な資料を名古屋レール・アーカイブスにご寄贈いただけることになった。

こうした一連の流れは、これらの写真から始まった、といってよい。この写真を私がオーストラリアの友人からもらわなければ、そして白井さんとヒギンズさんが知り合いでなければ、ヒギンズさんの貴重な写真も違った運命をたどっていたことは間違いない。

太平洋を股にかけた不思議なご縁である。

白井昭さん（左）とヒギンズさん（右）　1962年（昭和37年）12月犬山にて。
首からかけた2台のカメラのうち、35mmはコダクロームを入れてカラー写真を撮影。
6×6判はモノクロ用で、カッチリとした車両写真の撮影に使用された。

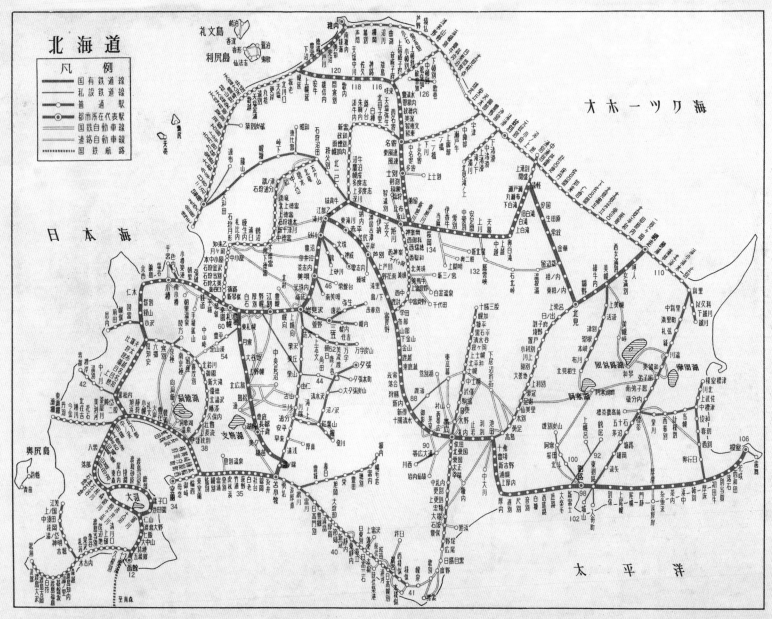

国鉄監修日本交通公社発行「1954年北海道各線時刻表」より

総天然色 ヒギンズさんの北海道鉄道旅 1957-70

富士興業（十条製紙関係会社）の入換機　1959年（昭和34年）7月31日

著者
J・ウォーリー・ヒギンズ

1927年、米国ニュージャージー州生まれ。コルゲート大学卒業、ミシガン大学で修士課程修了後、1956年に初来日。1958年に本格的に来日以降、日本に在住する。国鉄の顧問を務め、現在は JR 東日本国際事業本部顧問。東京都在住。2007年度日本写真協会賞特別賞受賞。著書に『発掘カラー写真 昭和30年代鉄道原風景 路面電車編／東日本私鉄編／西日本私鉄編／国鉄編』(JTB パブリッシング)、『秘蔵カラー写真で味わう60年前の東京・日本 』（光文社）ほか多数。海外の鉄道写真も撮影し、日・米・英などで出版している。

写真所蔵
NPO法人　名古屋レール・アーカイブス

貴重な鉄道資料の散逸を防ぐとともに、鉄道の意義と歴史を正しく後世に伝えることを目的に、2005年（平成17年）に名古屋市で設立。2006年（平成18年）に NPO 法人認証。所蔵資料の考証を経て報道機関や出版社、研究者などに提供すると共に、展示会の開催や原稿執筆などを積極的に行う。会員数40名、賛助会員1社（2021年11月現在）

編集協力
佐光紀子

ブックデザイン　矢野友宏
協力　　　　　　早川淳一
編集　　　　　　五十嵐裕揮

札幌市電 すすきの　1959年（昭和34年）8月2日

総天然色
ヒギンズさんの北海道鉄道旅 1957-70

発行日　2021年12月4日　初版第1刷発行
　　　　2022年1月14日　初版第2刷発行
著者　　J・ウォーリー・ヒギンズ
発行者　菅原　淳
発行所　北海道新聞社
〒060-8711　札幌市中央区大通西3丁目6
出版センター　（編集）011・210・5742
　　　　　　　（営業）011・210・5744
印刷　中西印刷株式会社
ISBN　978-4-86721-044-4